Índice

Rourke Educational Media
A Division of Carson Dellosa Education
rourkeeducationalmedia.com

¿Puedes en contrar estas palabras?

congelan

copo de nieve

tormenta

ventisca

¿Qué es la nieve?

l cielo está frío. Las gotas mojadas se **congelan.**

Las gotas se pegan unas a otras. Crecen.

Tienen formas.

¡Nace un **copo de nieve!**

copo de nieve

Los copos se vuelven pesados.

Caen.

¡Mucha nieve!

¡Una tormenta!
tormenta
AHEAD

¡Nieve y viento!

¡Una ventisca!

¿Encontraste estas palabras?

El cielo está frío. Las gotas mojadas se **congelan.**

¡Nace un **copo de nieve!**

¡Mucha nieve! ¡Una **tormenta!**

¡Nieve y viento! ¡Una **ventisca!**

Glosario fotográfico

congelar: convertir en hielo.

copo de nieve: un cristal de nieve.

tormenta: mucha nieve o lluvia.

ventisca: un viento muy fuerte que puede contener mucha nieve.

Índice analítico

Sobre la autora

Tammy Brown escribe libros y enseña a los maestros a enseñar a sus alumnos a leer. Le encanta mirar la nieve desde el interior de su casa, que es cálida y acogedora.

www.rourkeeducationalmedia.com

PHOTO CREDITS: Cover: Imgorthand; p. 2,12,14,15: ©Dmitriy Kochergin; p. 2,3,14,15: ©Syntheticmessiah; p. 2,6,14,15: ©ch123; p. 2,10,14,15: ©JANIFEST; p. 4: ©Warchi; p. 8: ©ArtMarie

Edición: Keli Sipperley
Diseño de la tapa: Kathy Walsh
Diseño interior: Rhea Magaro-Wallace
Traducción: Santiago Ochoa
Edición en español: Base Tres

Library of Congress PCN Data
¿Qué es la nieve? / Tammy Brown
(Yo sé)
ISBN (hard cover - spanish)(alk. paper) 978-1-73160-483-5
ISBN (soft cover - spanish) 978-1-73160-495-8
ISBN (e-Book - spanish) 978-1-73160-488-0
ISBN (e-Pub - spanish) 978-1-73160-702-7
ISBN (hard cover - english)(alk. paper) 978-1-64156-170-9
ISBN (soft cover - english) 978-1-64156-226-3
ISBN (e-Book - english) 978-1-64156-279-9

Library of Congress Control Number: 2018967488

Printed in the United States of America, North Mankato, Minnesota